Heinz Piontek

Was mich nicht losläßt

Gedichte Schneekluth

CIP-Kurztitelaufnahme der Deutschen Bibliothek

Piontek, Heinz
Was mich nicht losläßt: Gedichte/Heinz Piontek. 1. Auflage
München: Schneekluth, 1981
ISBN 3-7951-0737-7

ISBN 3-7951-0737-7

© 1981 by Franz Schneekluth Verlag, München
Gesamtherstellung Mohndruck Graphische Betriebe GmbH, Gütersloh
Printed in Germany 1981

»Was mich nicht losläßt, ist das Leben,
von dem ich mich trenne in jedem Gedicht.
Das Leben in jedem Gedicht.«

Rafael Alberti

Bedenkzeit

Draußen

Daß ich eine Stube hab,
ein kleines viergeteiltes Fenster
gleich über meinem Tisch zum Schreiben

und den Gartenprospekt,
rot von Obst –

gestundet, gestundet,
auf Widerruf!

Hier gehört mir nichts
als der Schmerz über den Brauen,
meine Nachtwachen,

das von Leichtarbeit verschwitzte
Hemd auf dem Leib.

Oder meine
bei wolkenlosem Wetter
plötzlich sich verfinsternde Sicht.

Dennoch bleibt mir lieb
die machtlose Klarheit draußen
hinter den Scheiben;

philosophisches Licht.

Nach soviel Zeit

Warum ist der Morgen
nicht mehr morgendlich?
Selbst wenn er anhebt
wie der Tag der süßen Brote?

Bleib ich bei grünen
Funken und Flammen,
die in Fußgängerzonen
aus dem Reisig schlagen,
nicht kühl?

Trennen mich Lichtjahre
von glücklich
erregten Wahrnehmungen?

Sicher,
wir sind's nicht mehr –
sag ich
(und denk an uns beide) –

und werden am Ende,
unwiderruflich,
es dennoch gewesen sein.

Da lachst du zweimal hell
mit deiner
kleiner gewordenen Stimme:

Und da, nach soviel Zeit,
sind Krokus, Forsythia
oder das helle Wetter
wieder sie selbst –

seltsamer
als die Unsterblichkeit.

An Rainer M.

Du denkst,
um deine Augen zu erleichtern.
Immer heller
wird es in dir.

Doch der Druck
von innen, von außen,
nimmt er nicht zu?

Kein Verlaß
auf naheliegende Namen.
Zum Beispiel Wendelstein.

Gipfel,
mit ihrem Ort verwachsen.
Ruhevoll.

Du aber mußt weiter,
buchstäblich
weiter –

Lächelnd prüfst du die List
deines Scharfsinns
und verwirfst die Finten:

Willst du anderen beispringen,
muß es ganz einfach
geschehn.

Deine gerechten Lösungen,
leicht wie Stifters
Rasiermesser,
liegen auf der Hand.

                          20.8.1979

Die Wunderbaren

Hätte ich nie
das Schweben der Wolken
wahrgenommen:

ihre für uns zweckfreie Bewegung
im Luftraum,
ihr Beieinander-Anlegen

und was sie
nicht leicht zu entziffern
oder unerforschlich macht –

nie wäre mir
die Stärke sanfter Bedeutung
aufgegangen,

noch das Ahnungsvolle
eines Augenblicks,
der über die Erde hinausreicht.

Schon in der Kindheit
hing ich an ihnen,
bis Tropfen mir aus den Augen liefen.

Einmal der Fahrt einer Wolke gefolgt
(zitiert unser Landarzt recht frei
und lächelt wie im Ernstfall) –

es ist nie wieder gutzumachen.

Bedenkzeit

Noch halten unsre Wipfel
sich halbwegs aufrecht.
Den mürben Ästen helfen
kreuzweis gebundene Stützen.

Nein, man hat sie nicht
gut unterm Strich verkauft,
weder an die Dritte
noch eine andere Welt –

denn tagelang schwimmt sie wieder
im vaterländischen Duft,
hüben wie drüben,

doch nur so heiß wie eine Wange
nach jungem Wein:

die Sonne.

Alte Sünder,
verzagt nicht!

Immer kamen bei uns
die reifen Farben erst spät
zum Vorschein.

Wagt nur zu behaupten:
Was wir schon als Gewicht empfinden,
lastet und wiegt sich
nicht zum letzten Mal!

Freilich spüren wir,
wie auch unsre kräftigsten Wurzeln
lautlos sich lockern.

Aber.

Der Gärtner brummt,
beim Weitergehen blinkt seine Axt:
Gut, gut, ich schenk euch Glauben –
bis zum nächsten Herbst!

Das wenigstens ist uns sicher:

Ein gerüttelt
und geschüttelt Jahr.

Nach ›Jägers Abendlied‹

Feld und liebes Tal
im Augenlicht unter der Braue
des Jägers. Bin ich's?

Am Grenzübergang, wer da
passieren will
mit falschen Papieren,

nimmt wohl gleich sein Gewehr
an die Wange,
still und wild.

Nach Osten, Westen schweifen,
bis es dunkelt im Feld
und friedlich wird.

Wie schnell verrauschend,
Bild, mein Bild.

Und schmetterte ich
wie gegen ein Bruchstück vom Mond
meinen Doppellauf

und würfe auch noch
den grünen Rock hinterher:

Bliebe nicht
gleichfühlend die Brust?
Wüßt ich, wie mir geschehn?

Wie im Schlaf

Zu Pferd ist's
und im Schlaf geschehn –

Mein Reiterherzog von Aquitanien,
sollte dein Lied nicht
um rein nichts
sich drehn?

Wie Sättel knirschen.

Einmal aufgesessen –
und das Kauen auf eisernem Zaum,
das Klopfen leichter Hufe an den Boden
bedeuten alles.

In dicken Wäldern taucht
unter dem falschen Namen Echo
der Verräter auf.

Damals hielt ich den Atem an.
Todmüde suchten wir zu entkommen
und drehten uns im Kreis…

Schlafwandler, Schlafreiter,
erinnert ihr euch, wie ihr
am Leben geblieben?

Wieder streifen Zweige
mein verschlossenes Gesicht.

Und hinter den Lidern
gehen noch immer
einzig die Träume
wissend um.

für Ernst Meyer-Camberg

Am See

Wer, auf die hölzerne
Brüstung gestützt,

über unser Gehölz
von leichten Apfelbäumen
hinwegblickt

und behauptet,
Segel seien auf dunkler Erde
das Schönste,

gemahnt mich
an das Übergewicht der Dinge
und der Empfindung.

Einst fragte auch ich
nicht weiter:
besessen von der Welle am Bug,

den Wassermeilen,
flitzend
sich netzenden Schwalben –

Wodurch aber bleiben wir beieinander?
Wie das Rohe ertragen und wie
widerstehn dem Verrat?

Sicher aussichtslos,
doch wie lange schon
kämpf ich hier

um einen glücklichen Ausgang
für Gedanken.

Wiederholungen

All ihr Verse, wie viele Male
durchflogen vom Spätsommerrauch
einer Großstadt,
von Nebelschwaden an der Grenze
oder den flaumleichten Wesen
mit gestreckter Schwinge;

auch immer wieder gezeichnet
von Hoffen
›auf Hoffnung, da nichts zu hoffen ist‹ –

Weil ich es verachtete,
das Zwei- und Dreimalsagen,
suchte ich's zu vermeiden.

Daß ich's nicht konnte
und auf die Länge
den kürzeren zog,
verhalf mir aber
zum eignen Wortschatz.

Ihr schwarzen Trabanten.

Scheinbar nie unwillig, von neuem
mein Inwendiges aufzudecken,
mich Irrtümern auszusetzen,

überraschend auch
und meiner Sache gewisser als ich,
für mich einzuspringen –

Wenn ich euch einmal aus den Augen verliere,
habe ich nichts mehr
zu verlieren.

Wie jeder von uns mit leeren Händen
werd ich mich stellen müssen
dem letzten Tag.

Die neue Kälte

Zuerst wird das Feuer in uns
überlaufen
zu den Nachtfrösten.

Dann wird auf
schwer beweglichen Lippen
unser Hochmut verblassen.

Wir werden die Sommer
fragen wollen.

Nur ein verspäteter Herbst
wird noch vorübereilen,
seine Rauchzeichen verwischen.

Sonnenscheibe, du falbe.

Und ihr reisenden Schwärme
wollt nicht wiederkehren?

Unabhängig von Jahreszeiten
wird die neue Kälte sein.

An Eisblumen arbeiten
mit Atemhauch und Fingernägeln,
und an jedem Morgen Ausschau halten
durch den kleinen ›Spion‹,
bevor er wieder zufriert:

Warum zögert die Zukunft
der Zukunft,
die uns jetzt hartnäckiger
träumen läßt denn je?

Und wird übermorgen wirklich sein,
was morgen nicht gewesen ist,
aber ehedem?

Blick aus einer Hotelmansarde

Auf dem rauchlosen Dachkamin
ein Amselhähnchen:
verfrühtes rostiges Schnattern.

Es ist ja erst Februar.
Kann man sich Zeit nehmen?

Dann, noch bei Tageslicht,
arbeitet sich über den First hervor,
eierschalenfarben,
die Mondscheibe.

Natürlich vernünftig für beide
wäre Abwarten.

Verachtete Ungeduld,
heute jedoch stehst du mir näher
als himmlische Langmut –

(führst du auch nichts herbei,
was öffentlicher Rede wert ist).

Ja, weil sie keine Ruhe geben,
Amsel und Vollmond,
halten sie meinen
sinkenden Mut auf.

Gebrochenes Schweigen

Ein abziehendes Gewitter.
Niemand ist bei mir
in der Schreibstube
außer Dir.

Ich überlege nicht lange.

– Wie, frag ich, hilfst Du
den Sklerotikern und jenen mit ihren Tumoren
wie Steine im Gehirn? Bei Muskelschwund
oder in anderen aussichtslosen Fällen?
Wagst Du Dich
auch in Dunkelzellen?
Und wirklich mitten unter die Ärmsten,
die verstümmelte, zu Tode gefolterte
Angehörige beklagen,
ausgetrockneten Auges?

Mein Gott,
die schrecklichen Bilder.

– Fahre nur in meinen heißen
Körper hinein, sie lagern dort eisig,
wohin Du auch greifst,

und überlagern sich verquer;
ein jedes meiner Organe belastend.

– Muß ich nicht, um weiterzuleben,
ganze Tage im Irrsinn verschwinden?

Fast tonlos, wie wenn eben
der Wind sich legte, ist nur
ein Flüstern hier:

Bitte für sie! Bitte für alle
unter jeglicher Tortur!
Und wirst du dabei auch langsam grau
wie ein Hundegesicht:

Bitte weiter für sie, weiter,
bis an dein letztes Wort!

Über Befürchtungen in eigener Sache aber
halte deine Stimme still.
Ich vergesse keinen.

Als ich dann einen frischen
Strich Regen auf den Dachsteinen
läuten höre,
kommen Schritte meine Treppe hoch.

Wie wenig ich auch von Dir weiß,
will ich doch einige an Dich erinnern –

Vielleicht so, daß sie in meinem
gebrochenen Schweigen nun auch mein
Stillsein vernehmen.

Versuch, mit dem Tod
ins reine zu kommen

1
Wie viele wehren sich gegen ihn,
hassen ihn, bis ihre Zungen
stehenbleiben.

Stimmt, eine Weile kämpfte auch ich
mit ganz unzulänglichen Waffen

oder meinte
gegen ihn zu kämpfen.

Diese Verbissenheit
um unser Lebendigsein.

Donquichoterien!

2
Langsam beginne ich
den guten Menschen aus Wandsbeck
zu begreifen

oder den heiteren zarten Geist
im Quadratschädel
des Sokrates.

Wieviel Zuneigung für *ihn*
unter den Alten,
und ihre Unerschrockenheit und Freude
beim Zählen gezählter Tage.

3
Nun gut, ich will mich nicht länger verwundern
über das Zähneknirschen,
doch mich auch nicht an die milden
gelassenen Vorbilder halten,

womöglich aber – noch eh man sie abgehauen,
also beizeiten – die Vernunft annehmen
der wilden Blume, des einfältigen Grases.

Die späten Jahre

Noch immer bräunlich
und barfuß,
doch schleppenden Schritts.

Aus blauschwarzen Haaren
hängt weißes Gesträhn.

Abendstern. Schafe und Ziegen.

*

Meerwärts singen mit hellen Stimmen
die Mädchen.
Wieder ist eine die Braut.

Zieh getrost deines Wegs
und gedenke mein!

(Frühzeitig das Abstoßen von der Insel
und das Nachwinken…)

*

Ruhig zieht
durch ihre Kältetränen
der einsamklare Mond auf.

Doch am Morgen nach jedem Abschied
liebt sie
stets um ein kleines lieber

die Sonne –
goldner als Gold noch.

Was ist Wahrheit

Zuletzt

Die Winterschlacht um Stalingrad
verfolgte er zunächst
durch ein Scherenfernrohr;

doch während dann um einzelne
Straßenzüge, auch Gebäude in der Nähe
erbittert...

Nie erzählte er mir später davon.
(Ich erfuhr es aus einem
vergriffenen Buch.)

Über seine Episoden
aus Vor- und Nachkriegszeiten
auf deutsch oder französisch
lachten wir auf.

In seinen Gedichten aber schlug die Zeit
mit silbernem Ton.

Fünfunddreißig Jahre
von der Wolga entfernt –

als ihn seine Leber,
seine Nieren,
das Herz

mit ihrer Meuterei überfielen,
verbarg er vor uns
seine Tapferkeit wie seinen Jähzorn
wie seine Demut.

Als auch
die geschwächte Sehkraft
hinschwand,

gelang es ihm noch,
die letzten Verse,
die ihm für sein unvollendetes Buch
vorschwebten,

durch probeweises Sprechen
auf ein Tonband
zu entdecken.

Angespannt lauschend,
wog er die Silben, die Reime
und erwog dabei
die Hellräumigkeit ihrer Bilder.

Zuletzt,
auf immer kürzeren Wegen,

über Treppenstufen,
bis zu Türschwellen,

summte oder sang er
leise vor sich hin

wie als Kind
im Dunkeln.

Dorfstraße in der Bretagne

Nie dort gewesen,
wo es solche Telegraphenstangen
vielleicht noch gibt,
Dachschiefer und Gärten voller Strünke –

Nur die Abbildung
eines Aquarells – ausgeschnitten
vor Jahrzehnten.

Über den bretonischen Gehöften
und Schlaglöchern

schwebt noch immer
aus vier grünen Strichen ein Himmel
mit rötlichem Tagmond.

Damals
ließ mich das Bild nicht los,
ich besorgte mir die Adresse des Malers
und schrieb ihm,

mit seinen Farben
gäbe er mir ein Zeichen:

Wag es, auf leerer Straße
in das Dorf zu gehen,

dann langsam zum Meer hinunter,
wo vermutlich eine Nebelbank lagert,
um dort unterzutauchen –
Die Vermißten
erwarten dich.

Keine Antwort.
Es war auch erst
kurz nach dem Krieg,

die Menschen hatten
allgemeine Sorgen,
und einem wie mir
war schlechterdings
nicht zu helfen.

Was ist Wahrheit

Zufällig,
beim Hinunterwandern eines Waldwegs,
sprachen wir über

eine der schwersten Tätigkeiten:
das Ausüben der Gerechtigkeit
vom hohen Stuhl.

Still, sagte ich,
hörst du den Lech rauschen?

Es war nur ein Bach
aus dem Gebirge.

Doch nachher sahen wir ihn,
lautlos und grünlich –
wie die Donau bei Lauingen.

Einst zählte der Übergang hier
zu den kostbarsten
eines Weltreichs.

Heute kommt man über den Lech
in das Dorf Epfach.

Und wir wollten unsren Augen nicht trauen,
als wir auf einer Tafel lasen,

ein Epfacher
sei der Nachfolger gewesen
von Pontius Pilatus.

Mit Fünfzig

Achtes Kind eines Schweinemeisters
auf einem Gutshof
am Ende des Reiches.

Wäre es nach der Herrschaft
gegangen, die noch
mit der Reitpeitsche regierte...

Aber an seinem fünfzigsten Geburtstag
spiegelte er sich im Wasser
einer Gracht
          und ließ dann Wein
an gutgewaschene und -gekleidete
Gäste ausschenken.

Mijnheer und Mevrouw.

Die sechzig Geladenen tranken
auf seine Gesundheit.

Anderntags schrieb er:
Mehr denn je
glaube er an seine Nothelfer,
die an der Hebelbank eines Stellwerks
(werweißwo)
die Weichen für ihn bedienten...

Ich wußte seit der Schulzeit,
er war klug.

Während ich nach einer Antwort suchte,
Sätze strich und ordnete,
rauchte ich aus einer weißen
holländischen Tonpfeife –

Da fuhr gerade ein Zug
über den Rhein,

der brachte meinen Freund,
den Attaché, zurück
in einem versiegelten Sarg.

Das teilte mir nachher
in mühsam aufrechter Schrift
seine Frau mit,

die ein Jahr später
auch nicht mehr lebte.

Dem Andenken
von P. und I. L.

Der Traum auf Troias Schutt

Sein Lager aus Binsen.
Er drehte sich auf die Schulter.
Rohe Balken über ihm stöhnten
wie manchmal bei einer Kreuzigung.

Hier in den zusammengewehten Hütten
wußte man nichts mehr.
Er aber dachte mit Trauer und Abscheu
an die Sage vom sinnlosen Wüten
herrlicher Männer gegeneinander,
und wie schändlich
ihr geschärftes Eisen geklungen.

Womöglich färbte den Schutt,
klaftertief unter ihm,
noch der helle oder gesprenkelte Staub
ihrer zerfallenen Knochen.

Jäh, von einem Traumbild zum andern,
sichtete er die Küste.
Drüben erhob sich eine Gestalt –
tausendgesichtig, als stehe mit ihr
zugleich ein Volk auf,
schwerbeladen und gottverlassen.

Die Gestalt winkte und bat:
»Komm herüber nach Makedonien
und hilf uns.«

Auch er mußte hier kämpfen:
der Wanderprediger, gelernter Zeltmacher,
vielleicht Epileptiker.
Kämpfen mit seiner Furcht
um seinen Gehorsam.

Ungewiß war und wildfremd für ihn
der Okzident.

Aber bei Tageshelle schlug sein Vertrauen höher
als seine Vernunft.
Er ließ den Mantel zurück
und mehrere Bücher.
Silas begleitete ihn an Bord und blieb:
im Tragesack Brote, geräucherten Fisch.

Uraltes banges Geräusch zu Lande –
bis der Kiel aufhörte zu knirschen
und das Meer sie trug.

Das Wetter blieb gut.
Zwei Tagesreisen. In Makedonien machte man fest
am Bollwerk eines kleinen Hafens.

Die Kaufleute hatten hier hohe Stirnen,
die Fischer, wie anderswo auch,
überanstrengte Augen vom Meeresglitzern.
Alle waren beschäftigt
oder in Eile.

Doch unerwartet kamen junge Frauen heran
und ältere und umringten
die zwei.

Sicherer war es, mit ihnen hinauszuwandern
vor die Stadtmauer.
Sand brannte durch die Sandalen.
Endlich, nahe an einem Wasser, wuchs Gras.
Sie konnten sich lagern.

Er rollte die Schrift auf.
Nicht nur der Widerschein des Pergaments
erleuchtete sein Gesicht,
das bärtig war.
Alle hingen an seinen wulstigen Lippen.

Ruhig und frei offenbarte er ihnen
die neue Gewißheit,
den Geist, der sich beugt,
um zu lieben.

Und er fand Glauben.

Zuerst auf diesem Erdteil
folgte ihm, den Rock schürzend,
eine der Frauen hinab in den Fluß;
willens, ihr Leben zu ändern.

Und zum Zeichen,
daß nun das Reich und die Kraft
mit ihr sei,
träufte er Wasser
auf ihren hellfarbenen Scheitel.

Jene war noch jung,
führte allein eine Purpurhandlung
in der Nähe der Stadt Philippi,
und Lydia war ihr Name.

Wechsel in der Atmosphäre

Nicht getäuscht

Heute sehe ich deutlich,
was ich bisher
meiner Ahnung verdankte:

Einen Septembermorgen,
durchsichtig bis
in die Kindheit –

wirklich, ich brauche
keinen Feldstecher,
um mich am äußersten Ende
wiederzusehen,

gerade so groß
wie Friedo Lampes
Papierdrachen,

doch mit
noch klar erkennbarem
Lach-Wein-Gesicht.

Vierzig Sommer weit

Nie mutig genug gewesen,
von einem Schmetterling
zu schreiben:

Deshalb mußtest du,
Tagpfauenauge,
dich auf den
vierzig Sommer weiten Weg
begeben:

Von einer Böschung
am Bach Stober –
bis hierher auf meinen
noch warmen Handrücken
im offnen Fenster
zum See.

Spiegelnd verdoppeln sich
dein Braun, Rot, Schwarz.

Nein, mahne mich nicht
an den Herbst,
der mit ähnlichen Farben
kommen muß.

Heute morgen
und gerade deinetwegen
will ich den Anfang vom Ende
nicht wahrhaben.

Zigeunermädchen

Als ich jung war,
verliebte ich mich immer wieder
in Zigeunermädchen.

Sie schauten durch mich hindurch.

Alle stammten aus der berühmten
Mappe des Malers Mueller.

Eines Nachts meinte ich zu sehen,
wie sie sich davonstahlen,
hinter dem Maler herrannten,
sich rechts und links
bei ihm einhängten oder
ihn plappernd umkreisten:

Ein Elegant und Vagabund
mit einer Professur
in Breslau an der Oder.

Sie aber hatten aufgeworfene
geschminkte Lippen und Brustspitzen
und keine Ahnung,
daß er längst tot war.

In dieser Nacht,
in der nichts weiter passierte,
erwachte ich und lachte über mich,

denn mir war, ich hätte
vom Zigeuner-Mueller geträumt,
der seine Bande süßer Mädchen anbot
für einen Band voll bittrer Gedichte.

Anzeichen des Alters –

wenn man sich häufig
seiner Wege
entsinnt.

Etwa der Sandwege
mit etwas staubigem Gras,
am Rand
kleiner Städte –

Einer führte hinunter
zur Donau,
die sich hier
in Uferwäldern verbarg.

Gingen wir ihn
miteinander
und stießen dann unten

auf den Treidelweg,

lag vor uns eine Bahn
aus glattem Wasser,
hell, windig, offen

bis weit hinein
in die Zukunft –

Auf einmal
mußten wir umeinander
die Arme schlingen,
fester denn je.

Auch im Unabsehbaren
wollte ich dich
nie verlieren.

Drei Wünsche

Beim dritten Wunsch
überlegte der nicht mehr
junge Dichter
sehr lange.

Fürs Alter, sagte er schließlich,
wünsche ich mir
eine Sprache wie Grummet –

ja, wie Gras
nach dem zweiten Schnitt
Ende August:

trocken, unauffällig duftend,
gut für ein warmes Lager bei Wind
und Wetter
und auch als Nahrung vorhaltend
für die Genügsamen
unter uns Wirbeltieren,
den Winter hindurch.

Hundeleben

Nur wenige Hunde kennen es noch.

Meist laufen sie miteinander
verrückt über den kurzen deutschen Rasen,
bis einer sich überkugelt.

Lautloses Lachen.

Aber die Kameraden mit den furchtbaren Gebissen
und Pfoten wie Löwen,
täglich zehn oder auch mehr Stunden
im Zwinger,

hier jammern sie singend wie Kinder –

freilich so lange nur,
wie es vom nahen Turm läutet.

Genau halten sie die Zeitspanne ein.

Trotz beißend riechender Zotteln
sind es Gentlemänner.

Ja, sie fänden es würdelos,
ohne hörbaren Anlaß
durch den ruhigen Ortsteil
mehrstimmig zu heulen

und unsereinem
vielleicht den Gedanken nahezulegen,

es könnte, außer den Verletzungen
ihres seidenfeinen Gehörs,
noch andere Schmerzen geben

bei solchen mit dickem Fell.

Notiz

Junge Schwäne, die
in der Kielspur der alten herziehn
durch Dunst und Duft des Sees,

entpuppen sich als
Segelschüler in ihren Booten

hinter dem Schulchef
auf federweißer Motorjacht.

Kondensstreifen

Diese pfeilgraden Striche
über den halben Himmel.

Als flöge da einer
auf der Luftlinie
zwischen seinen Augen
und seinem Ziel.

Nicht die winzigste Korrektur.
Weder Schwanken noch Zaudern –

Endlich!

Doch diese Spuren
von Unbeirrbarkeit,

(als hörten wir die Sehne
noch schwirren,)

vom idealen Erreichen des Ziels
täuschen.

Fragt die Piloten!

Früh im September

Landauf, landab lichtet sich der Schleier.
Zuverlässig tauchen die Dinge auf,
die keiner Worte bedürfen.

Aber auch ein Brief
von warmer, kräftiger Hand
trifft ein

und macht mir die Liebe
eines Mannes zu einer Frau
von neuem klar.

Nichts in der Ortschaft
(und darüber hinaus),
was auf einer Anstrengung von mir beruhte!

Ohne mein Tun leuchtet die Welt –

vom blauen Himmel
bis zu den Wurzeln der Eichen
und dem wie Erz schimmernden Boden.

Ich aber verdanke alles
diesem hellfließenden Leben.

Im Schnee

Über dir
in der Wettersteinwand
setzt ein Hubschrauber
Soldaten auf Zeit ab.

Überlebens-
training
für Gebirgsjäger.

Der Schatten der Wand
auf den Schneefeldern:

gleichfarbig wie der
deiner Skispitzen.

Zentimeter um
Zentimeter
schiebst du dich

heran an deinen
toten Punkt.

Wenn du ihn überwindest,
bringen dich
Beine und Arme,
Ski und Stöcke

leichthin wie
auf dem Mond voran.

Ewig
könntest du
weitergleiten –

unmerklich
durch dein wahres Sterben
hindurch.

Allegra

Beim Vorwärtsgleiten
kracht leise
die Schneedecke.

Durch die Kapuze
hör ich den Wind
fisteln.

Die Geschichte ist einfach.

Ich lasse meinen Schatten
hinter mir:

auf zwei federnden Leisten,
in passenden Stiefeln,

die Stöcke
aus Leichtmetall.

Sacht
schwebt vom sonnigen Himmel
die Kälte:

Silber in Schwärmen.

Walthers Valet

Walthers Valet

Ich hör ein Wasser summen.
Mir ging verlorn dein wohlbeschaffner Mund.
Beide, Heide und der Wald, verstummen
und werden falb bis auf den Grund.
Weg ist das süße Treiben oder Leben.
Ich sehe schwarze Galle   mitten in dem Honig schweben.

So spreche ich, ein wunderlicher Mann.
Auf meine Worte braucht kein Kind zu schwören.
Doch wer sie je inwendig hört, der kann
sie anders schwerlich hören.
Du Lied, mein Helm! Das Reich ist öd und kalt.
Der Friede friert. Auf meiner Straße wildert   Gewalt.

Zu Rom hört ich einst lügen: Kunst ist tot.
(Verlaß verdiente stets nur eine kleine Schar.)
Herr Kaiser, wißt Ihr denn von unsrer Not?
Dazu vom Pfahl im Fleisch bei nicht gekrümmtem Haar?
Wie saß ich leicht auf einem Stein im Gras.
Und was ich wähnte, daß es wirklich wäre,   ist es was?

Anmerkungen

Die Wunderbaren
»Die wunderbaren Wolken.« (Baudelaire)

Nach ›Jägers Abendlied‹
Der Titel weist auf ein Gedicht Goethes hin.

Wie im Schlaf
»Zu Pferd ist's und im Schlaf geschehn…« Vers aus einem Gedicht des Herzogs Wilhelm IV. von Aquitanien, den man für den ersten Troubadour hält.

Die späten Jahre
Die kursiv gesetzten Verse sind zwei Sappho-Zitate.

Der Traum auf Troias Schutt
Der Protagonist ist der Missionar Paulus. Das Erzählgedicht geht auf eine Episode der Apostelgeschichte zurück.

Im Schnee
»Soldaten auf Zeit«: Angehörige der Bundeswehr, die sich für eine längere Dienstzeit verpflichten.

Allegra
»Allegra« (ladinisch): Freude.

Walthers Valet

Das Gedicht enthält viele aus dem Mittelhochdeutschen übersetzte Wendungen und eine Reihe von Zitaten aus Walthers Lyrik. Der Satz »Kunst ist tot« ist siebenhundert Jahre alt und kommt in einem damaligen deutschen Gedicht vor.

Inhalt

Bedenkzeit

Was ist Wahrheit

Wechsel in der Atmosphäre

Walthers Valet

Werke von Heinz Piontek

Lyrik
Die Furt (1952)
Die Rauchfahne (1953)
Wassermarken (1957)
Mit einer Kranichfeder (1962)
Klartext (1966)
Tot oder lebendig (1971)
Gesammelte Gedichte (1975)
Wie sich Musik durchschlug (1978)
Vorkriegszeit (1980)
Was mich nicht losläßt (1981)

Prosa
Vor Augen (1955)
Kastanien aus dem Feuer. Erzählungen (1963)
Windrichtungen. Reisebilder (1963)
Die mittleren Jahre. Roman (1967)
Außenaufnahmen. Erzählungen (1968)
Liebeserklärungen in Prosa (1969)
Die Erzählungen (1971)
Helle Tage anderswo. Reisebilder (1973)
Dichterleben. Roman (1976)
Wintertage, Sommernächte. Gesammelte Erzählungen (1977)
Träumen, Wachen, Widerstehen. Aufzeichnungen aus diesen
Jahren (1978)
Juttas Neffe. Roman (1979)

Hörspiel
Dunkelkammerspiel (1978)

Essay
Buchstab, Zauberstab. Über Dichter und Dichtung (1959)
Männer, die Gedichte machen (1970)
Leben mit Wörtern (1975)
Das Schweigen überbrücken (1977)
Das Handwerk des Lesens (1979)

Anthologien
Neue deutsche Erzählgedichte (1964)
Augenblicke unterwegs. Deutsche Reiseprosa unserer Zeit (1968)
Deutsche Gedichte seit 1960 (1972)

Übersetzung
John Keats. Gedichte (1960)

Heinz Piontek

Vorkriegszeit
Ein Gedicht. 64 Seiten. Ln. DM 18,–

Ein Appell für den Frieden in unserer Zeit – zugleich eine sprachkräftige Dichtung von zeitunabhängiger Wahrheit.

Wie sich Musik durchschlug
Gedichte. 96 Seiten. Ln. DM 18,–

»Dieser Band glänzt von Intuition und Einfällen, Können und Sprachkraft«   *Neue Zürcher Zeitung*

Neue deutsche Erzählgedichte
Gesammelt von Heinz Piontek
Münchner Edition. 352 Seiten. Ln. DM 28,–

»Pionteks Anthologie zählt heute zu den Büchern, die Literaturfreunde und Lyrikleser besitzen müssen«   *Passauer Neue Presse*

Juttas Neffe
Roman. 272 Seiten. Ln. DM 28,–

»Piontek hat sich mit diesem Roman selbst übertroffen«   *Die Welt*

Die mittleren Jahre
Roman. 304 Seiten. Ln. DM 28,–

»Eine poetische Verteidigung der Liebe, die ihresgleichen sucht«   *Stuttgarter Zeitung*

Träumen · Wachen · Widerstehen
Aufzeichnungen aus diesen Jahren. 240 Seiten. Ln. DM 26,–

»Die große Kunst, Vergangenes wie zum erstenmal zu sehen und zu vergegenwärtigen«   *Die Presse, Wien*

Das Handwerk des Lesens
Erfahrungen mit Büchern und Autoren. 288 Seiten. Ln. DM 28,–

»Pionteks Essays, man müßte es dreimal sagen, lehren uns lesen, lehren uns denken«   *Rheinischer Merkur*

Preisänderungen vorbehalten

Schneekluth